kidpower

BILINGUAL SAFETY COMICS

Los Cómics de Seguridad de Kidpower®/ Kidpower® Safety Comics

Para Adultos Con Niños Pequeños / For Adults With Younger Children

Irene van der Zande

Executive Director/Founder

(Directora Ejecutiva/Fundadora)

Illustrated by (ilustrado por) Amanda Golert

Una publicación de Kidpower Teenpower Fullpower International

Teaching people of all ages and abilities to use their power to stay safe, act wisely, and believe in themselves!

Información de Copyright y Autorización de Uso

AGRADECIMIENTOS

¡Gracias a nuestro equipo Cartoon Power! Este libro es resultado de la contribución de muchas personas. Los conceptos creativos, textos y conducción de la producción han sido tara de la Co-Fundadora y Directora Ejecutiva Irene van der Zande. Los dibujos son de la Asesora de Formación y Plan de Estudios y Directora del Centro en Suecia, Amanda Golert. La asesora de Formación y Plan de Estudios Chantal Keeney desarrolló muchas de las historias y fue responsable de la edición. Cassie Mason, Sunny Cardona-Orellana y Gisella Gamez tradujeron y editaron el texto en español. La Especialista en Proyectos Allegra Doriss y Beth Henneberg se encargaron del diseño, las ilustraciones y la preparación para la publicación. La Gerente de los Servicios en California Erika Leonard, aportó muchos ejemplos y conceptos. Ed van der Zande donó su experiencia para recaudar fondos.

¡Gracias a nuestros patrocinadores! Financiar y luego desarrollar e implementar nuestros programas para jóvenes y adultos con necesidades especiales ha sido posible gracias a las siguientes entidades: Allstate Foundation, Blue Shield of California Foundation, the Colorado Trust, Ecolab, the Giant Steps Foundation, Guidant, the Health Trust, the Rite Aid Foundation, the Special Hope Foundation, Verizon Wireless, and the Y&H Soda Foundation. Agradecemos la financiación para el programa piloto para nuestro Proyecto "El momento más temprano para comenzar a Aprender" en el cual se originaron nuestros primero s materiales ilustrados con caricaturas, a la Lucile Packard Foundation for Children's Health.

Copyright and Permission to Use Information

ACKNOWLEDGEMENTS

Thank you to our Cartoon Power Team! The contributions of many people have made this book possible. The creative concepts, writing, and production leadership are the work of Kidpower Co-Founder and Executive Director Irene van der Zande. The cartoons are drawn by Training and Curriculum Consultant and Swedish Center Director, Amanda Golert. Training and Curriculum Development Consultant Chantal Keeney developed many of the stories and was responsible for editing. Cassie Mason ,Sunny Cardona-Orellana, and Gisella Gamez were responsible for translation and editing of Spanish text. Project Specialist Allegra Doriss and Beth Henneberg were responsible for the layout, graphics, and preparation for printing. Manager of California Services Erika Leonard contributed many examples and concepts. Ed van der Zande donated his expertise to find funding.

Thank you to our funders! Funding to further develop and implement our programs for teens and adults facing difficult life challenges is thanks to the Allstate Foundation, the Blue Shield of California Foundation, the Colorado Trust, Ecolab, the Giant Steps Foundation, Guidant, the Health Trust, the Rite Aid Foundation, the Special Hope Foundation, Verizon Wireless, and the Y&H Soda Foundation. Pilot program funding for our "Earliest Teachable Moment Project" that led to our first cartoon-illustrated materials is thanks to the Lucile Packard Foundation for Children's Health.

Cómics de Seguridad de Kidpower
Para Adultos Con Niños Pequeños

Índice
Información Importante Para los Adultos

Los Adultos y Los Niños Pueden Leer y Practicar Juntos

Kidpower Safety Comics
For Adults With Younger Children

Table of Contents
Important Information for Adults

For Adults and Children to Read and Practice Together

¡Bienvenido a Kidpower!

¡Gracias por aprender y enseñar habilidades de seguridad personal a los niños en su vida! Este libro va dirigido a niños de tres a diez años quienes normalmente están acompañados por un cuidador adulto. Estos métodos de enseñanza y habilidades también son apropiados para niños menores y mayores -- y para los adultos también!

Este libro está dividido en dos secciones. La primera sección, "Información Importante Para Adultos," está pensada para ayudar al lector a enseñar y discutir habilidades de seguridad con los niños. La segunda sección, "Los Adultos y Niños Pueden Leer y Practicar Juntos," está llena de ejemplos claramente ilustrados y cuentos diseñados específicamente para presentar estas habilidades de seguridad personal para situaciones reales de vida.

Al enseñar las habilidades de la seguridad personal, recuerde lo siguiente:

1) **Enseñe a los niños de una forma divertida sin asustarlos.** Si los adultos manifiestan sus preocupaciones por las que consideran que los niños necesitan aprender las habilidades de seguridad personal, los niños se sentirán ansiosos y se resistirán a aprender. En cambio con conversaciones amenas, ejercicios divertidos y expresando entusiasmo usted podrá ayudar a los niños a proteger su seguridad sin asustarlos.

2) **Los niños aprenden mejor haciendo que escuchando.** Tanto como sea posible, déles a los niños oportunidades para *practicar* cada habilidad que les enseña. Usted puede hacer juegos de roles con los niños en que ellos se mantienen seguros mientras usted finja ser la persona en el dibujo que no está siguiendo las reglas de seguridad. También es una buena idea integrar las habilidades en la vida cotidiana, guiando a los niños para que tengan éxito - en la misma manera que enseña a los niños sobre la seguridad con el agua, comida, fuego, autos y bicicletas.

3) **Escuche a los niños y muéstreles que son importantes.** La mejor manera de ayudar a los niños es ser un adulto cariñoso. No importa lo ocupado que esté, pregúnteles tranquilamente de vez en cuando, "¿Hay algo que te esté preocupando o que te hayas estado preguntando? Escuche sus respuestas con paciencia y agradézcales por haberle contado. No importa cuántas cosas ellos hagan mal, dígales frecuentemente, "Te quiero tal y como eres."

Kidpower brinda habilidades de autoprotección y confianza a niños, adolescentes y adultos de todas las culturas. Nuestros servicios incluyen talleres, publicaciones, y un boletín de noticias mensual gratis. Para recibir más información, visite www.kidpower.org.

¡Kidpower nos enseña a usar nuestro propio **poder** para mantenernos **a salvo**!

¡Los niños somos fuertes e inteligentes!

Welcome to Kidpower!

Thank you for taking the time to learn and teach "People Safety" skills to the children in your life! This comic book is targeted toward children from about three- through ten-years-old who are usually with adult caregivers. These skills, ideas and teaching methods are also appropriate for younger and older children - indeed for adults too!

This book is divided into two sections. The first section, "Important Information for Adults," is designed to help you prepare to teach and discuss People Safety skills with children. The second section, "For Adults and Children to Read and Practice Together," is full of clearly illustrated examples and stories specifically designed for introducing these safety skills in the context of daily life.

When teaching safety skills to children, please keep these important ideas in mind:

1) **Teaching children about People Safety works best if it is done in a way that is fun instead of scary**. If adults discuss upsetting reasons why children might need to learn how to be safe with people, children are more likely to become anxious or resistant. Through calm conversations, fun hands-on practice, and enthusiastic encouragement, you can prepare children to keep themselves safe most of the time.

2) **Children learn better by doing than by being told what to do**. As much as you can, give children chances to *practice* every skill you teach them. You can have them act out what they see the children in the drawings doing to keep themselves safe, while you pretend to be the person in the drawings who is not following the safety rules. You can integrate People Safety skills into your daily life, coaching children so they are successful - in the same way that you might prepare children to be safe with water, food, fire, cars, and bikes.

3) **Listen to children and show them that they are important to you**. The best way to help children be safe is for them to have caring adults in their lives who they trust to go to when they have a problem. No matter how busy you are, ask children calmly, "Is there anything you have been worrying or wondering about?" Listen to their answers and thank them for telling you. No matter how many things they do wrong, tell children often, "I love you just the way you are."

Kidpower brings self-protection and confidence skills to children, teenagers, and adults across many different cultures around the world. Our services include workshops, publications, and a free monthly e-newsletter. Please visit our website at kidpower.org.

Kidpower teaches **kids** to use our **power** to stay **safe**!

Kids are strong and smart!

Cómo Usar Este Libro

1 Lea el libro. Advierta que muchas ideas e habilidades también son importantes para los adultos.

2 Lea las secciones relevantes del libro con sus niños. Enfatice las diferentes maneras en que los personajes resuelven sus problemas.

3 Practique las habilidades que aparecen en los dibujos. Las habilidades explican en las paginas 12-17.

Vamos a imaginar que soy una desconocida. Ustedes van a turnarse y practicar cómo alejarse y preguntar primero.

4 Anime a los niños para que usen sus habilidades en el mundo real.

Gracias por preguntarme primero. Vamos a pedir permiso al dueño.

¿Puedo acariciar el perro?

How to Use This Book

1 Read the book yourself. Notice how many of these ideas and skills are important for adults too.

2 Read the relevant sections of the book with your children. Point out the different ways that children in the stories are solving a variety of People Safety problems.

3 Practice the skills shown in the drawings. Each skill set is explained on pages 12-17.

I'll pretend to be somebody you don't know. We'll take turns having each of you practice moving away and checking first.

4 Encourage children to use their skills out in the world and throughout the day.

Thank you for checking first. Let's ask the person this dog is helping.

May I pet the dog?

Cómo Ayudar a los Niños a Mantenerse a Salvo

1 Mantenga la calma. Los niños aprenden mejor cuando sus adultos están tranquilos.

Quédate conmigo cuando crucemos la calle.

2 Supervise a sus niños cuidadosamente. Ellos son demasiado chicos para que los deje solos. Su seguridad es más importante que cualquier otra cosa.

Por favor, espera hasta que yo pueda ir contigo.

3 Haga un plan de seguridad para obtener ayuda dondequiera que vayan los niños. El plan será diferente con diferentes personas, diferentes lugares y diferentes horas del día.

TIENDA

Quédate conmigo, pero si te pierdes, recuerda el plan de seguridad y ve al cajero... allá.

4 Dé a los niños oportunidades para practicar sus habilidades de seguridad dondequiera que vayan.

¿Que debes hacer si alguien toca la puerta?

¡Encontrarte a ti y preguntar primero!

Some Ways You Can Help Children Be Safe

1 Stay calm. Children learn better when their grown-ups are calm.

2 Supervise children closely. They are too young to be on their own. Their safety is more important than anything else.

3 Make a safety plan for how to get help everywhere you go. The Safety Plan will be different for different people, at different times of the day, and in different places.

4 Give children chances to practice their People Safety skills everywhere you go.

Más Maneras de Ayudar a los Niños

5 Ayude a los niños a tener éxito al practicar, orientándolos en el mismo momento, para manejar sus problemas.

6 Ayude a los niños a comprender que la mayoría de los desconocidos son buenos, pero si no conocen bien a alguien, la regla de seguridad es preguntar primero.

7 Enseñe con el ejemplo. Resuelva los problemas tranquilamente y respetuosamente. Los niños aprenden mejor viendo que escuchando.

8 Escuche a los niños. Respete sus sentimientos, aunque sus preocupaciones le parezcan infantiles.

More Ways You Can Help Children Be Safe

5 Help children be successful in practicing skills by coaching them to handle problems in the moment.

You can say, "Please stop! I am using that toy."

6 Help children understand about strangers. Tell them most people are good, but if they do not know someone well, their Safety Plan is to check with you right away.

Most strangers are good. But come check with me first!

7 Set a good example. Solve problems peacefully, respectfully, and powerfully. Children will learn more by what they see you doing than by what you tell them to do.

Hey! You took my parking space, you @&%$!

Sorry! It was an accident! I didn't see you.

8 Listen to children. Respect their feelings, even if their worries seem silly to you.

Thank you for telling me. We can leave your door open, or put a nightlight on, or give you a flashlight!

The dark makes me scared...

El Principio Fundamental de Kidpower

La seguridad y la autoestima de un niño son más importantes que la vergüenza, inconveniencia o la ofensa de alguien.

Kidpower's Underlying Principle

The safety and self-esteem of a child are more important than anyone's embarrassment, inconvenience or offense.

Discusiones y Ejercicios
Para Desarrollar Comprensión y Habilidades

El Libro de Cómics de Kidpower brinda herramientas que los adultos pueden usar para presentar seguridad personal a niños que están normalmente acompañados por un adulto que les pueden ayudar. Recomendamos que usted lea los cuentos a los niños, haga juegos de roles basados en los cuentos, y hable con los niños sobre cómo usar estas ideas en su vida cotidiana. Practique con los niños por periodos cortos y repase las habilidades frecuentemente.

Adapte su enfoque y sus ejemplos de acuerdo con la edad, situación y habilidad de cada niño. Si es necesario, simplifique la información, usando menos palabras o cambiando su formulación para asegurarse de que los niños comprendan. Cuando haga juegos de roles, recuerde decir a los niños pequeños que, "Sólo estoy fingiendo para que podamos practicar." Este aviso ayudará a evitar confundirlos o lastimar sus sentimientos cuando usted finge ser un desconocido o alguien que habla o comporta de una manera poco amable.

En vez de poner a prueba a los niños, instrúyales y ayúdeles a tener éxito. Cuando ustedes practican, haga pausas para dar a los niños oportunidades para hacer la habilidad. Cuando los niños se atasquen, dígales lo que deben decir, cómo decirlo, y qué hacer con sus cuerpos, como si usted fuera el director de una obra de teatro. Haga la práctica divertida. Muéstrese positivo y tranquilo en vez de preocupado. Recompense los pequeños progresos con estímulo, acordándose de que los errores son parte del aprendizaje. Celebre el progreso en vez de exigir la perfección.

Aquí están algunas maneras de practicar habilidades especificas con los niños:

Estar alerta y mostrarse calmado y confiado (Página 18)
Explique que, "La gente te molesta menos y te escucha más cuando estás alerta y te muestras calmado y confiado." Pida que los niños se sienten derechos y que giren la cabeza y miren a su alrededor. Camine detrás de ellos y haga una graciosa mueca. Pregúnteles qué vieron para asegurarse de que ellos estén realmente mirando a su alrededor.

Usar diferentes tipos de poder y salir fuera de alcance (Paginas 20, 22, 24)
Queremos que los niños sepan que hay muchas maneras de ser poderoso. Enséñeles a los niños a apretar los labios y usar el Poder de Cerrar la Boca. Enséñeles a levantar las manos como para golpear o tocar algo y entonces bajar sus maños a los lados y usar el Poder de Manos Abajo. Enséñeles a los niños a poner las manos arriba como un barrera y decir, "¡Para!" y usar el Poder de Decir 'Para'. Finja ser un niño que está enojado o que va a tirar algo o empujar a alguien. Enséñeles a los niños a usar el Poder de Alejarse para salir fuera de alcance.

Preguntar Primero para mantenerse a salvo (Paginas 26, 30, 32)
A menos que los niños sean tan independiente que puedan ir a un lugar o hacer algo sin la supervisión de un adulto, su primera línea de protección es la regla de Preguntar Primero a sus adultos antes de cambiar su plan sobre qué hacen, con quién, y dónde. Practique la regla usando ejemplos relevantes como: antes de abrir la puerta, antes de usar la cocina, antes de acercarse a un animal en el parque (use una títeres para practicar), antes de usar algo muy afilado, y antes de acercarse a alguien que no conocen bien. Enséñele al niño a ponerse de pie, alejarse, y preguntar primero a su adulto.

Saber cómo mantenerse seguro con los desconocidos (Paginas 34, 36, 38)
Durante la vida cotidiana, señale a las personas que son desconocidas y las personas que son conocidas. Finja ser un desconocido y acérquese al niño, llamándolo por su nombre o llevando algo que le pertenece al niño. Enséñele al niño a ponerse de pie, alejarse del desconocido, y preguntar primero a su adulto. En el papel del desconocido "fingido", compórtese como alguien que no sabe las reglas de seguridad en vez de asustarlo.

Saber el Plan de Seguridad si hay una emergencia o estás perdido. (Paginas 40, 42)
Los niños necesitan saber las excepciones a la regla de Preguntar Primero. Cuando no hay un adulto a quien puedan preguntar, los niños necesitan Pensar Primero. Haga y repase el Plan de Seguridad para obtener ayuda dondequiera que sus niños vayan. Ayúdeles a comprar algo en la tienda para que sepan cómo relacionarse con el cajero. Muéstreles a los niños el lugar donde deberían ir en caso de que se pierdan. Si ellos no pueden encontrar a la persona o el lugar en el plan, dígales que deberían pedir ayuda a una mujer con niños.

Discussions and Practices
To Build Understanding and Skills

The *Kidpower Safety Comics* provides tools for adults to use in introducing "People Safety" ideas and skills to children who are usually with adults who can help them. We recommend that you read the stories together, act out what the people are doing in the drawings, and discuss how these ideas might work in your daily lives. Practice skills with children for short periods of time and review the skills often to show how they can be helpful in a variety of different situations.

Adapt your approach and examples to be relevant for each child's age, life situation, and abilities. If necessary, simplify the information by using fewer words or change the wording to ensure understanding. With each activity, remember to tell younger children that "I am just pretending so that we can practice!" This reminder helps prevent more literal children from having hurt feelings or becoming confused when you pretend to be a stranger or someone who is speaking or acting in an unkind way.

Instead of testing or tricking children, coach them to be successful. When you are practicing, pause to give them a chance to do the skill. If they get stuck, coach them in exactly what to say, how to say it, and what to do with their bodies, as if you were the director in a play. Make the practices fun by being positive and calm rather than anxious. Reward small steps with encouragement, remembering that mistakes are part of learning. Celebrate progress rather than looking for perfection.

Here are some ways to practice specific skills with children:

Be aware, calm and confident (Page 19)
Explain that, "People bother you less and listen to you more if you are aware, calm and confident." Have children stand or sit tall and turn their heads to look around. Walk behind them and do something silly for them to look at. Ask them to tell you what they saw so you know they are really looking around.

Use different kinds of power and move out of reach (Pages 21, 23, 25)
We want children to know that there are many ways to be powerful. Coach children to squeeze their lips together to use Mouth Closed Power. Coach children to raise their hands *as if* to hit or touch something they shouldn't and instead pull their hands down to their sides to use Hands Down Power. Coach children to put their hands in front of themselves like a fence and say, "Stop!" to use Stop Power. Pretend to be another kid who is starting to get mad, or who is about to throw things or shove on the playground or in line. Coach children to use their Walk Away Power to move out of reach.

Check First to be safe (Pages 27, 31, 33)
Unless children are independent enough to be somewhere or do something without an adult supervising their safety, their first line of self-protection is to Check First with their adults before they change their plan about what they are doing, who they are with, or where they are going. Practice the Check First rule using relevant examples from a child's life such as: before you open the door, before you use the stove, before you get close to an animal at the park (you can use a toy animal to pretend), before you pick up something sharp, and before you get close to someone you don't know well. Coach the child to stand up, move away, and go to her or his adult to Check First.

Know how to be safe with strangers (Pages 35, 37, 39)
During your daily life, point out people who are strangers and people who children know well. Pretend to be a stranger. Approach the child calling the child's name or holding something that belongs to the child. Coach the child to stand up, move away and go to his or her adult to Check First. As the pretend "stranger," act like someone who just doesn't know the safety rules rather than being scary.

Know your Safety Plan if you are having an emergency or are lost (Pages 41, 43)
Children need to know the exceptions to the Check First rules. When they don't have an adult to Check First with, their job is to Think First. Make and review the Safety Plan for getting help each time your child goes to a new place. Encourage children to help you buy something from the cashier so that they know how to interact with this person. Take children to the place you want them to go if they are lost and make sure they can find this place if they need help. If she or he can't find the person or place in your Safety Plan, tell your child that the next safest choice is to ask a woman with children for help.

Enséñeles a gritar, alejarse y obtener ayuda si tienen miedo (Pagina 46, 48)

Finja ser alguien que se está comportando de manera poca segura (sin asustar). Enséñeles a los niños a poner sus manos arriba como una barrera y gritar, "¡PARA!" En el papel de la persona comportándose mal, actúe sobresaltado y pare. Enséñeles a los niños a correr, gritando a su adulto, "¡NECESITO AYUDA!" El adulto puede decir, "Te voy a ayudar."

Enséñeles a proteger sus sentimientos de palabras hirientes (Pagina 52, 54)

Pídales a los niños que imaginen que atrapan las palabras hirientes y que las tiran a un basurero real o un basurero imaginario mientras dicen algo positivo. Apoye una mano en la cadera y muestre que el hueco puede ser su basurero personal. Practique con los niños - por ejemplo, si alguien dice, "Eres tonto," los niños pueden agarrar la palabra "TONTO," tirar la palabra en su basurero y decir, "Soy inteligente."

Saber que el contacto para jugar o mostrar afecto tiene que ser seguro, la elección de ambas personas, y permitido por los adultos encargados (Pagina 58)

Haga el juego "¿Puedes darme un abrazo?" Los niños preguntan, "¿Puedes darme un abrazo?" Diga, "No gracias. Hoy abrazos no. Podemos saludar con la mano." Y salude con la mano. Entonces cambie de roles y pregúntele al niño, "¿Puedes darme un abrazo?" Enséñeles a los niños a decir, "No gracias. Podemos saludar con la mano." Este ejercicio da a los niños la oportunidad de poner límites personales y aceptar los límites de los demás.

Detener el contacto no deseado (Pagina 62)

Enséñeles a los niños a usar sus voces, cuerpos y palabras para establecer límites personales con las personas que conocen, tales como sus amigos y su familia. Finja molestar a los niños, moviendo los dedos como para darles cosquillas. Enséñeles a los niños a ponerse recto, mirar a usted directamente y decir, "Por favor, para." O ellos pueden poner las manos arriba como una barrera y decir, "PARA!" Finja darles cosquillas de nuevo y dígales, "Solo estoy jugando. Es divertido." Enséñeles a los niños a ponerse de pie o alejarse, formar una barrera con sus manos, mirar a usted directamente, y decir en una voz clara y firme, "Por favor, para. No me gusta." Hágase pasar por triste y diga, "Pero me gustas. Y pensé que eras mi amigo." Enséñeles a mantener sus cuerpos derechos y erguidos y decir, "Lo siento y para." Finja ofrecer un soborno y diga, "Te daré un dulce si me dejas hacerte cosquillas. Pero no lo digas a nadie." Enséñeles a los niños a decir, "Para o lo voy a decir." Pueden añadir, "No guardo secretos sobre el contacto o los regalos." Los niños que entienden pueden practicar cómo prometer que no van a decir aunque van a decirle a alguien en cuanto puedan.

Pedir ayuda a los adultos en caso de tener un problema y persistir hasta obtener ayuda (Paginas 64, 66)

Recuérdeles a los niños que el contacto, juegos, regalos y problemas no deben ser un secreto. Hable sobre los problemas que los niños podrían tener y piensen a quienes podrían pedir ayuda. Dígales a los niños que imaginen que tienen un problema de seguridad. Finja ser un adulto ocupado. Gire la espalda al niño. Enséñele al niño a interrumpir y pedirle ayuda. Diga, "Estoy ocupado." Enséñele al niño a pedir otra vez. Dígale, "No me molestes." Enséñele a decir, "Se trata de mi seguridad." Escuche al niño. Enséñele al niño a describir el problema. Dígale, "Gracias por decirme." Cuando el niño logre hacer bien el ejercicio, hágalo otra vez, pero este vez no se muestre comprensivo. Diga algo como, "Es tu problema. Vete." Enséñele al niño a buscar otro adulto que le podría ayudar.

Saber qué es el bullying y cómo detenerlo (Paginas 68, 70)

Hable sobre ejemplos de bullying como el rechazo, burlas, amenazas, etc. Finja ser un buscapleitos y diga algo hiriente. Enséñele al niño a usar su Basurero y alejarse. O enséñele a decir, "Para" y alejarse para pedir ayuda.

Haga un ejercicio en que un niño dice, "Yo quiero jugar." Finja rechazar al niño, frunciendo el ceño y diciendo, "Vete." O, "No sabes jugar." O, "Ya somos demasiados." Enséñele al niño a tirar las palabras hirientes a la basura y que diga, "Soy excelente." Enséñele al niño a ser perseverante, diciendo, "Haré mi mejor esfuerzo." O, "Mejoraré si practico." O, "Siempre hay espacio para una más." O, "La regla es que todos pueden jugar." Enséñele al niño rechazado que puede buscar a otro niño y invitarle a jugar.

Un niño comunicativo puede practicar cómo ser un defensor. Pretenda rechazar a otra persona para que el niño pueda practicar cómo defender a la persona, diciendo, "¡Déjala jugar!" Finja actuar de forma egoísta con alguien. Enseñe al niño a decir, "Para. Eso no es divertido."

Finja ser un niño que está comportándose de manera poco segura. Tironee suavemente al niño y diga algo como, "¡Ven aquí, tonto! Enséñele a respirar, botar la palabra hiriente, usar el Poder de Cerrar la Boca y el Poder de Alejarse. Recuérdele que debe pedir ayuda a un adulto porque los problemas no deben ser un secreto.

Yell, leave and get help if you are scared (Page 47, 49)

Pretend to be someone acting a little unsafe (not in a frightening way). Coach children to put their hands in front of themselves like a wall and yell, "STOP!" As the pretend Scary Person, act startled and stop. Coach children to run, yelling "I NEED HELP! to their adult. Have their adult say, "I will help you."

Protect your feelings from hurting words (Page 53, 55)

Have children pretend to catch hurting words in the air, throw them into a real trash can or a trash can they make with their bodies and say something nice to themselves. Put a hand on your hip and show that the hole makes a personal Trash Can. Practice together - for example, if someone says, "You're stupid," children can catch the word "STUPID," throw it in their personal Trash Can and say, "I am SMART!"

Know that touch or play for fun or affection has to be okay with both people, safe, and allowed by the grown-ups in charge (Page 59)

Play the "Can I have a hug?" game by having children ask you, "May I have a hug?" Say, "No thanks. No hugs today. We can wave." And wave. Then reverse roles and ask, "May I have a hug?" Coach children to say, "No thanks. No hugs today. Just wave." And wave. This practice gives children the chance to role-play setting and accepting boundaries on unwanted touch for affection.

Stop unwanted touch or teasing (Page 63)

Teach children to use their voices, bodies, and words to set clear boundaries with people they know, such as family, friends, and peers. Pretend to bother children by poking them gently or waving your fingers as if to tickle. Coach children to make their bodies tall, look at you and say, "Please stop." Or, just have them put their hands up and say, "STOP!" Pretend to tickle or poke again and say, "I am just playing. This is fun." Coach children to stand or move back, make a fence with their hands, look at you and say in a calm, firm voice, "Please stop. I don't like it." Pretend to be sad and say, "But I like you. I thought you were my friend." Coach children to keep their bodies tall and say, "Sorry and stop." Pretend to offer a bribe and say, "I'll give you candy if you let me tickle you. But don't tell anybody, okay?" Coach children to say, "Stop or I'll tell!" You can have them add, "I don't keep touch or gifts a secret." For children who can understand, give them the chance to practice promising not to tell even though they are going to tell an adult they trust as soon as they can.

Get help from your adults when you have a problem and keep trying until you get help (Pages 65, 67)

Remind children that touch, games, presents, and problems should not be secrets. Discuss different safety problems children might have and who to ask for help if they need it. Tell the child to pretend to have a safety problem. Pretend to be a busy adult. Stand with your back to the child. Coach the child to interrupt you to ask for help. Say, "I'm busy." Coach the child to ask again. Say, "Don't bother me." Coach child to say, "This is about my safety." Listen, coaching the child to tell the whle story and say, "Thank you for telling me." If the child does this well, do the practice again but be unsupportive by saying, "That's your problem. Go away." Coach the child to find another adult to tell.

Know what bullying is and how to stop it (Pages 69, 71)

Point out examples of bullying as they happen in real life, in stories, or in movies such as shunning, name-calling, intimidation, etc. Pretend to act like a bully by saying something mean. Coach the child to use her or his Trash Can and move away. Or coach the child to say, "Stop," leave, and get help.

Do a practice where a child says, "I want to play." Or, "I want to join you." Pretend to reject the child by frowning and saying, "Go away. You're not good enough." Or, "There's too many already." Have the child throw away the hurting words and say, "I'm great." Coach the child to practice persisting instead of getting upset by saying, "I'll do my best." Or, "I'll get better if I practice." Or, "There's always room for one more." Or, "Give me a chance." Or, "The rule at school is everybody gets to play." Coach a child who is being left out to go find another child and invite that child to play.

Give a more verbal child the chance to practice being an advocate. Pretend to be unkind to someone else. Coach the child to say, "Stop. That is not kind!" Pretend to exclude another person so that the child can practice speaking up for someone else by saying, "Let her play!"

Pretend to be a another child who is acting unsafely. Push the child gently and say something like, "Get over here, you dummy!" Coach the child to take a breath, throw the mean word away, use Mouth Closed Power by not answering back, and Walk Away Power by standing tall and leaving with awareness. Remind the child to go to an adult and get help because problems should not be secrets.

Estar Alerta y Mostrarse Calmado y Confiado

La gente te molesta menos y te escucha más cuando miras
alrededor y te mueves con confianza.

1 El niño no presta atención y parece asustado. Esto es **menos seguro.**

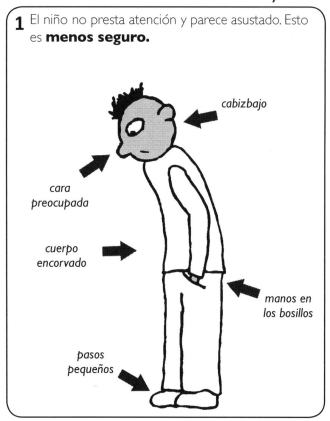

cabizbajo

cara
preocupada

cuerpo
encorvado

manos en
los bosillos

pasos
pequeños

2 El niño se muestra alerta y fuerte. Esto es **más seguro.**

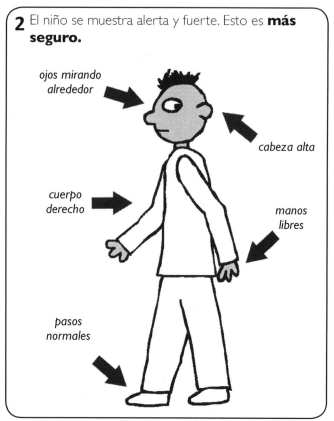

ojos mirando
alrededor

cabeza alta

cuerpo
derecho

manos
libres

pasos
normales

3 La niña actúa en forma enojada. Parece que quiere pelear. Esto es **menos seguro.**

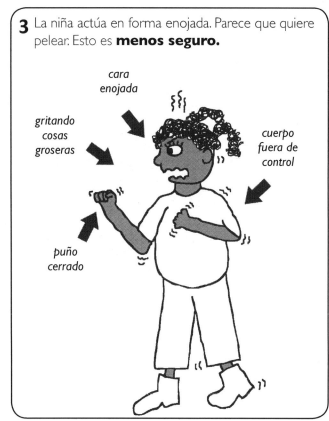

cara
enojada

gritando
cosas
groseras

cuerpo
fuera de
control

puño
cerrado

4 La niña se muestra calmada y actúa con confianza. Esto es **más seguro.**

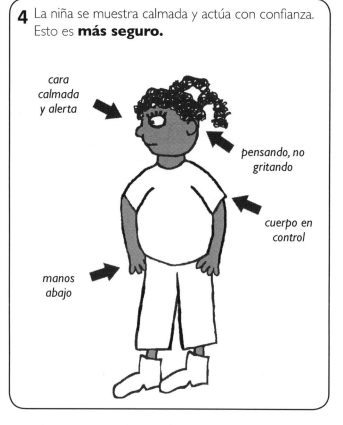

cara
calmada
y alerta

pensando, no
gritando

cuerpo en
control

manos
abajo

Be Aware, Calm, and Confident

People will bother you less and listen to you more when you are looking around, acting calm and confident, and staying in control of your body.

1 The boy is not paying attention and looks scared. This is **less safe.**

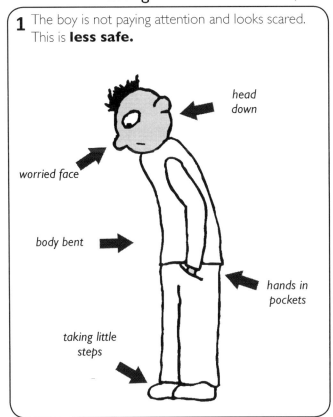

head down

worried face

body bent

hands in pockets

taking little steps

2 The boy looks aware and strong. This is **more safe.**

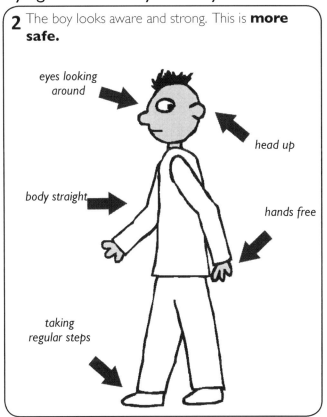

eyes looking around

head up

body straight

hands free

taking regular steps

3 The girl is acting mad. She looks like she wants to fight. This is **less safe.**

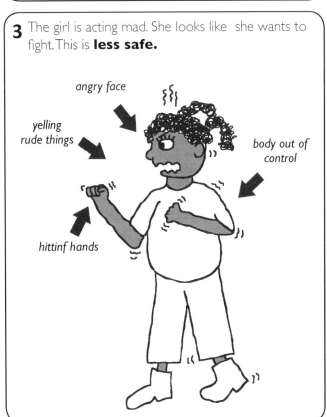

angry face

yelling rude things

body out of control

hittinf hands

4 The girl looks calm and confident. This is **more safe.**

calm aware face

thinking, not yelling

body in control

hands down

Diferentes Tipos de Poder

1 La niña es grosera y le muestra la lengua al niño. El niño guarda su lengua y sus palabras usando su **Poder de Cerrar la Boca** para mantenerse a salvo.

((Ruido grosero))

2 El niño pequeño le pega a su hermano mayor. El hermano mayor no devuelve el golpe. Él detiene su golpe usando su **Poder de las Manos Abajo** para mantenerse a salvo.

%&@%6@!!!!

¡BASTA! ¡No pegues! Recuerda tu Poder de las Manos Abajo.

3 La niña trata de agarrar la patineta. El niño usa su **Poder de "¡BASTA!"** teniendo una voz fuerte y haciendo una barrera con sus manos para que sus palabras suenen poderosas.

¡MI TURNO!

¡ESPERA! ¡NO AGARRES! Puedes usarla cuando yo haya terminado.

4 El niño grita a su amiga. La niña *no* responde con un grito. Ella usa su **Poder de Alejarse** para protegerse de sus palabras y para mantenerse a salvo.

¡No me gustas! ¡No me gustas!

Different Kinds of Power

1 The girl is rude and sticks out her tongue. The boy keeps his tongue and words in his mouth by using his **Mouth Closed Power** to stay safe.

2 The little boy hits his big brother. The big brother stops the hit and uses his **Hands Down Power** to keep himself from hitting back.

%&@%6@!!!!

Stop! No hitting! Remember your Hands Down Power.

((Rude noise))

3 The girl tries to grab the scooter. The boy uses his **STOP! Power** by having a strong voice and making a fence with his hands so he sounds and looks like he means it.

MY TURN!

WAIT! NO GRABBING! You can use it when I'm done.

4 The boy yells at his friend. The girl does *not* yell back. She uses her **Walk Away Power** to get away from his words and to stay safe.

I don't like you! I don't like you!

El Cuento de Alejarse

Salir Fuera del Alcance

1 Me gusta jugar en la arena con mis amigos.

2 Cuando mi amiga se enoja, ella tira los juguetes y puede ser mala conmigo.

3 Cuando mi amiga está de mal humor, me puedo alejar de ella.

4 Puedo jugar con otros niños o puedo jugar sola.

5 Para practicar, empiece cerca del niño. Dígale al niño que se salga fuera de su alcance. Recuérdele estar alerta, prestar atención, y echar algunos vistazos para atrás para que no tropiece.

6 Dé un paso hacia delante para asegurarse de que el niño esté fuera de su alcance. Acuérdese de facilitar el éxito del niño. *No atrape al niño si está demasiado cerca, sólo dígale que se aleje un poco más.*

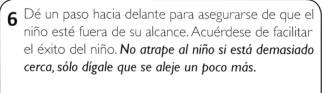

The Leaving Story

Moving Out Of Reach

1 I like to dig with my friend in the sandbox.

2 When my friend gets mad and throws things, she can be mean to me too.

3 When my friend is in a bad mood, I can walk away.

4 I can play with other children or I can play by myself.

5 To practice moving out of reach, have the child start close and back up. Coach child to look at you and to glance back while backing up to make sure there is nothing to trip over.

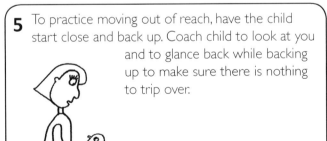

6 Check to see if child is out of reach or needs to back up more. *Remember to coach child to be successful. Do not grab him if he is too close, just coach him to move back more.*

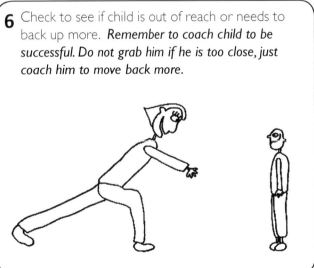

El Cuento de la Cola

Salir Fuera del Alcance

1 Alguien me empuja mientras hago cola. No hice nada malo, pero la chica me sigue molestando.

2 Ojalá pare de empujarme. Pero ella no hace caso y me empuja más.

3 Me enojo y devuelvo el empujón. La maestra se enfada con nosotros dos.

4 La próxima vez que alguien me empuja, voy al final de la cola. No es importante estar al frente de la cola. Es más importante estar con alguien que no empuja.

The Line Story

Moving Out Of Reach

1 Someone is pushing in line. I have not done anything wrong, but the kid is still bothering me.

Hurry up!

2 I wish she would stop pushing. But she does not notice and pushes more.

3 I get mad and push back. The teacher gets mad at both of us.

NO FIGHTING!

Quit shoving!

4 Next time that kid pushes, I leave the line and find another place. It is not important to be in front of the line. It is more important to be next to a kid who does not push.

Acompañado o Solo

Las reglas son diferentes cuando estás junto con un adulto
que te puede ayudar y cuando estás solo.

1 Estás junto con tu mamá cuando estás justo al lado de tu mamá en la tienda.

Acompañado

2 Supongamos que el tendero te ofrece una muestra gratis. Si tu mamá te dice que está bien, puedes tomar una.

Acompañado

3 Cuando te separas de tu mamá - aún un poquito - estás solo. Si tu mamá está en otro pasillo y una mujer te ofrece una muestra gratis.....

Solo

4 Tu Plan de Seguridad es alejarte y Preguntar Primero a tu mamá.

Aléjate y Pregunta Primero

Together or On Your Own

The rules are different if you are together with an adult who can help you or if you are on your own.

1 When you are right next to your mom at the store, you are together.

Together

2 Suppose the storekeeper has free samples. If your mom gives permission, you can take food from him.

Together

3 If you and your mom are away from each other even a little bit, you are on your own. If your mom is in the next aisle and a lady has free samples...

On Your Own

4 Your Safety Plan is to move away and go to your mom so you can Check First.

Move Away and Check First

¿Dónde está la Seguridad. . .?

La seguridad está con los adultos que te pueden ayudar.

1 . . .en mi **escuela**?

¡Mi maestro es la seguridad!

2 . . .en mi **casa**?

¡Mis adultos son la seguridad!

3 . . .en **mi casa cuando mis adultos no están**?

¡Mi niñera es la seguridad!

4 . . .en **la casa de mi amigo**?

¡La abuela de mi amigo es la seguridad!

5 . . .en **la tienda**?

¡El cajero es la seguridad!

6 . . .en **el parque de juegos**?

!El vendedor de boletos es la seguridad!

TICKETS

Where is Safety...?

Safety is where you can find safe adults to help you.

1 ...at my **school**?

My teacher is safety!

2 ...at my **home**?

My grown-ups are safety!

3 ...at **my home when my adults are not there**?

My child care person is safety!

4 ...at **my friend's house**?

My friend's grandma is safety!

5 ...at **the store**?

The checkout person is safety!

6 ...at **the amusement park**?

TICKETS

The ticket person is safety!

Kidpower Teenpower Fullpower International. **www.kidpower.org.** safety@kidpower.org

Preguntar Primero Para Mantenerse a Salvo

1 **Pregunta Primero** a tus adultos antes de jugar con animales a menos que los conozcas muy bien.

2 **Pregunta Primero** a tus adultos antes de salir de tu silla de seguridad, desabrochar el cinturón del auto, o salir del auto.

3 **Pregunta Primero** a tus adultos antes de salir de la cerca, salir por la puerta o salir de la casa, aunque esté pasando algo muy interesante.

4 **Pregunta Primero** a tus adultos antes de tocar la cocina, enchufar algo a la electricidad, o jugar con fósforos.

Checking First to Be Safe

1 Check First with your grown-ups before you play with animals unless you know them very well.

2 Check First with your grown-ups before you get out of your car seat, unhook your seat belt, or go out of the car.

3 Check First with your grown-ups before you go out the gate, out the door, or out of the house, even if something very interesting is happening.

4 Check First with your grown-ups before you touch the stove, plug anything into an electric outlet, or play with matches.

El Cuento de la Pizza

Pregunta Primero Antes de Cambiar tus Planes

1 El niño y su hermana caminan a casa cuando salen de la escuela.

2 Su papa pasa manejando. Él les pregunta si quieren pizza.

¡Vamos a la pizzería!

¡Sí, pizza!

3 La mama está trabajando en la casa. Como sus niños no llegan a la casa después de la escuela, ella se preocupa.

4 Ella llama a la policía para hacer una denuncia. La policía encuentra a los niños con su papá en la pizzería.

Hola, policía. Estoy muy preocupada. Mis niños no están en casa y no sé dónde están.

5 La mama está muy contenta y muy enojada.

¿POR QUÉ NO ME LLAMARON?

Nos olvidamos. De ahora en adelante, vamos a preguntar antes de cambiar los planes!

6 El vecino invita a los niños a visitarlo. Ellos han estado en su casa antes, pero se acuerdan de **preguntar a su mamá antes de cambiar sus planes**.

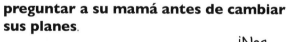

Vengan a visitarme. Tengo galletas con pedacitos de chocolate.

¡Nos encantaría, pero tenemos que Preguntar Primero!

The Pizza Story

Check First Before You Change Your Plan

1 The boy and his sister are walking home after school.

2 Their dad drives up. He asks if they want pizza.

Let's get pizza!

Yeah, pizza!

3 Mom is working at home. When her children don't come home after school, she gets worried.

4 Mom calls the police to make a report. They find the kids and their dad at the pizza parlor.

Hello, police. I am so worried. My kids aren't home and I don't know where they are.

5 Mom is very glad and very mad.

WHY DIDN'T YOU CALL ME?!

We forgot. From now on, we will CHECK BEFORE WE CHANGE THE PLAN!

6 Their next door neighbor invites the kids to come over. They've been at his house before, but they remember to **check before they change their plans**.

Come on over. I just baked cookies.

We'd love to visit, but we need to CHECK FIRST!

¿Qué es un Desconocido?

Seguridad con los Desconocidos

1 Un desconocido es una persona a quien no conoces bien. La mayoría de los desconocidos son buenos. Pero pregúntame antes de hablarle o acercarte a los desconocidos.

¿Los desconocidos son malos?

2 Maestro, ¿Es usted un desconocido? ¿Son desconocidos estos otros niños?

Hoy es el primer día de clases, de manera que aun somos desconocidos el uno para el otro. Cuando nos conozcamos mejor ya no seremos desconocidos. Esto está bien porque tus padres dicen que está bien.

3 La gente uniformada también son desconocidos. Los Policías.. Los Bomberos. Pregúntame primero.

Ese policía, ¿también es un desconocido?

4 ¿Cuándo deja una persona de ser desconocido y se convierte en conocido?

Buena pregunta. Una persona deja de ser un desconocido cuando lo conozcamos bien. Si no estás seguro, pregúntame.

What's a Stranger?

Stranger Safety

La Regla de Preguntar Primero

Si estás solo, busca a tu adulto y Pregunta Primero antes de **tomar** algo, **acercarte**, o **hablar** con un desconocido.

1 Antes de tomar algo, aún si es tuyo...

2 ¡Pregunta Primero!

3 Antes de abrir la puerta...

4 ¡Pregunta Primero!

5 Antes de acercarte o hablar con un desconocido...

6 ¡Pregunta Primero!

Kidpower Teenpower Fullpower International. **www.kidpower.org.** safety@kidpower.org

Checking First Rules With Strangers

If you are on your own, go to your grown-up and Check First before you **take** anything from, **get close** to, or **talk** to a stranger.

1 Before you take anything from a stranger, even if it is yours...

2 Check First!

3 Before you open the door...

4 Check First!

5 Before you get close to or talk with a stranger...

6 Check First!

Cuando tienes que Preguntar Primero

1 Si alguien tiene una emergencia.

¡Mi hijo está perdido! ¡Por favor, ayúdeme buscarlo!

Es un desconocido. Voy a preguntar a mi adulto primero.

2 Si alguien lleva uniforme.

¡Un niño está lastimado! ¡Por favor, ayúdeme!

Es un desconocido. Voy a Preguntar Primero y mi adulto lo ayudará.

La Desconocida Sabe Mi Nombre

1 Yo estoy jugando y una desconocida me llama por mi nombre.

¡Hola Hideko!

¿Quién será?

APT. 12

HIDEKO

2 Es simpática pero mejor me alejo de ella.

¿No te acuerdas de mí? ¡Soy amiga de tu mamá!

3 Pregunto Primero.

¡Una desconocida me llamó por mi nombre!

¡Gracias por decirme!

4 Mi adulto me ayuda.

¡Hideko no se acordó de mí!

¡Está bien! Me siento orgullosa porque se acordó de las reglas de seguridad.

More Times to Check First

1 If someone else has an emergency.

2 If someone is wearing a uniform.

The Stranger Knows My Name Story

1 I am playing in the hall by my apartment. A stranger calls my name.

2 She is nice, but I move away.

3 I Check First.

4 My grown-up helps me.

Pidiendo Ayuda Durante una Emergencia

Si tienes una **emergencia** y no puedes **Preguntar Primero**, tu Plan
de Seguridad es **pedir ayuda** a alguien, incluso si es un desconocido.

1 Puedes pedir ayuda a los médicos.

2 Puedes pedir ayuda a los bomberos.

3 Puedes pedir ayuda a un escuadrón de rescate.

4 Puedes pedir ayuda a una mujer con niños.

Getting Help in Emergencies

If you have an **emergency** and cannot **Check First**, your
Safety Plan is to **get help** even from someone you don't know.

1 You can get help from paramedics.

2 You can get help from firefighters.

3 You can get help from a search party.

4 You can get help from a woman with children in an EMERGENCY.

El Plan De Seguridad
En Caso De Que Te Pierdas En Una Tienda

1 Dondequiera que vayas, haz un plan de seguridad con tu adulto por si acaso te pierdes.

2 Si estás perdido, párate alto y quieto como el tronco de un árbol y mira a tu alrededor para ver si puedes encontrar a tu adulto.

3 Después lo que vas a hacer es gritar por tu adulto.

4 Si esto no funciona, ve al frente de la cola. Interrumpe al cajero y pide ayuda.

5 Si el cajero no entiende, dile que estás perdido y le pides ayuda otra vez.

6 Es posible que tengas que decirle al cajero el nombre de tu adulto para ayudarte a encontrarlo.

Your Safety Plan if You Are Lost in a Store

1 Everywhere you go, make a safety plan with your grown-up for what to do if you get lost.

Grandpa, what is our safety plan if we get lost?

Good question. Let's meet at checkout counter number one over there.

2 The first thing to do if you are lost is stand tall and still like the trunk of a tree and look around to see if you can find your grown-up.

Where's Grandpa?

3 The next thing to do is yell for your grown-up.

GRANDPA!

4 If that does not work, go to the front of the checkout line, not the back. Interrupt the cashier and ask for help.

Go to the end of the line!

I need help!

5 If the cashier does not understand, ask again and say that you are lost.

Oh!

But I am lost!

6 To help your grownup find you, you may need to tell the cashier your grown-up's name.

We have a lost girl here...

There you are!

Cuándo Tienes que Esperar y Cuándo Puedes Interrumpir

A veces tienes que **esperar** si quieres algo.
Interrumpes cuando hay un problema de seguridad.

1 **Esperas** cuando tu mamá está ocupada con la computadora, aunque quieras hablar con ella.

2 **Interrumpes** cuando la comida hierve y está derramándose en la cocina.

3 **Esperas** cuando tu papá habla por teléfono aunque le tome mucho tiempo.

4 **Interrumpes** a tu pápa cuando un niño está lastimando a otro niño.

5 Haces cola y **esperas** cuando quieres comprar algo en la tienda.

6 Te vas al frente de la cola e **interrumpes** al cajero si estás perdido en la tienda.

When to Wait and When to Interrupt

You might have to **wait** if you **want** something.
interrupt and keep asking for help if there is a **safety problem**.

1 You **wait** when your mom is busy on the computer even if you want to talk to her.

2 You **interrupt** your mom when the pot is boiling over on the stove.

3 You **wait** when your Dad is on the phone even if he has been talking forever.

4 You **interrupt** your dad when a kid is hurting another kid.

5 You go to the end of the line and **wait** your turn when you want to buy something in a store.

6 You go to the front of the line and **interrupt** the cashier so you can get help if you are lost in the store.

Kidpower Teenpower Fullpower International. **www.kidpower.org.** safety@kidpower.org

Grita, Aléjate, y Pide Ayuda si Algo te Asusta

1 Un niño me empuja. Tengo miedo.

2 Grito, corro, y le pido ayuda a mi maestro.

3 Un perro me ladra y me asusta.

4 Con voz firme digo al perro que pare. Me alejo y le pido ayuda a mi mamá.

5 Algunos niños están muy enojados. Tengo miedo.

6 Grito, corro, y pido ayuda al ayudante de recreo.

Yell, Leave, and Get Help if You Are Scared

1 A big kid pushes me. I am scared.

2 I yell, run, and go to my teacher for help.

3 A dog is acting mean. I am scared.

4 I tell the dog firmly to stop. I back away and go to my mom for help.

5 Some kids are very angry. I am scared.

6 I yell, run, and go to the yard duty for help.

El Cuento del Niño Grande a Quien Le Gustaba Asustar

1 Me gusta ir a la tienda con mi mamá.

2 ¡Un niño grande me agarra y tengo miedo!

3 Yo zafo mi brazo y grito.

4 Hago una señal de alto con mis manos y con una voz fuerte y potente asusto al niño grande.

5 Corro y pido ayuda.

6 Mi mamá me ayuda y el niño grande se siente mal.

The Big Kid Being Scary Story

Yelling in a strong voice and running to an adult to get help can help keep you safe.

1 I like to go to the store with my mom.

2 A big kid grabs me and I am scared.

3 I pull my arm away and yell.

4 I use my Stop Sign and a big voice to scare the big kid.

5 I run and yell for help.

6 My mom helps me and the big kid is sorry.

Introducción a los Límites Personales

Un límite es como una cerca. Los límites personales son cercas entre las personas. Tenemos que ponernos límites a nosotros mismos y a otras personas.

Las reglas sobre los límites personales son:

1. **<u>Cada persona se pertenece a sí misma</u>.** Tú te perteneces a ti mismo y yo me pertenezco a mí mismo. Esto significa que tu cuerpo te pertenece—*también* tu espacio personal, tus sentimientos, tu tiempo, tus pensamientos—*todo* tú! Esto significa que las demás personas se pertenecen a sí mismas también.

2. **<u>Algunas cosas no son una elección.</u>** Esto es cierto tanto con los adultos como con los niños. Especialmente con los niños, el contacto por salud o seguridad a menudo no es una elección.

3. **<u>Los problemas nunca tienen que ser un secreto.</u>** Cualquier cosa que te molesta a tí, a mí, o a cualquier otra persona no debería ser un secreto, aún si alguien se enoja o se siente avergonzado.

4. **<u>Continúa diciéndolo hasta que consigas ayuda.</u>** Cuando tengas un problema, encuentra a un adulto en quien confíes y continúa diciendo hasta que consigas la ayuda que necesitas.

Kidpower Teenpower Fullpower International. **www.kidpower.org.** safety@kidpower.org

Introduction to Boundaries

A boundary is like a fence. It sets a limit. Personal boundaries are the limits between people. We have to set boundaries with ourselves and with each other.

The rules about personal boundaries are:

1. **We each belong to ourselves.** You belong to you and I belong to me. This means that your body belongs to you— *and* so does your personal space, your feelings, your time, your thoughts— *all* of you! This means that other people belong to themselves too.

2. **Some things are not a choice.** This is true for adults as well as kids. Especially for kids, touch for health and safety is often not a choice.

3. **Problems should not be secrets.** Anything that bothers you, me, or anybody else should not have to be a secret, even if telling makes someone upset or embarrassed.

4. **Keep telling until you get help.** When you have a problem, find an adult you trust and keep on telling until you get the help you need.

1 We each belong to ourselves.

2 Some things are not a choice.

3 Problems should not be secrets.

4 Keep telling until you get help.

El Basurero Para Palabras Hirientes

Si alguien te dice palabras hirientes, puedes proteger tus sentimientos.
Puedes echar las palabras hirientes a la basura y decirte algo positivo.

1 Te puedes imaginar atrapando las palabras hirientes en vez de permitir que entren a tu corazón.

2 Tira las palabras hirientes al basurero y di algo positivo para ti.

3 Ponte la mano en la cadera. El hueco hecho con tu brazo forma un basurero de Kidpower. Puedes usar la otra mano para tirar adentro las palabras hirientes.

4 Puedes usar tu basurero cuando quieras.

5 Puedes usar tu imaginación para echar las palabras hirientes

6 Puedes usar el basurero cuando te dices cosas hirientes a ti mismo.

The Trash Can for Hurting Words

If people say hurting words to you, you can protect your feelings.
Throw the hurting words away and tell yourself something good.

1 You can imagine catching hurting words instead of taking them into your heart.

Go away, STUPID!

2 Throw the hurting words into the trash while you say something nice to yourself.

I am SMART!

Trash

3 Put your hand on your hip. Imagine the hole it makes is your Kidpower Trash Can. Catch hurting words, push them through the Trash Can, and say something good to yourself.

I am SMART!

4 You can use your Trash Can anytime.

Weirdo!

I like myself!

5 You can make your Trash Can with your mind.

Useless!!

TRASH

I am IMPORTANT!

6 You can use your Trash Can when you say hurting things to yourself.

I make such dumb mistakes!

Mistakes can help me learn!

Aceptar los Cumplidos

Los cumplidos son palabras positivas. Te ayudan a sentirte bien contigo mismo. Cuando alguien te da un cumplido, puedes aceptarlo en tu corazón y decir, "¡Gracias!"

1 El chico le dice a su hermano que se ve bien. Su hermano tira el cumplido a la basura.

2 El chico se lo dice otra vez porque quiere que su hermano acepte el cumplido en vez de tirarlo.

3 A la chica le gusta lo que su hermanita construyó con los cubos. Pero su hermanita tira el cumplido a la basura.

4 La chica se lo dice otra vez. Ella quiere que su hermanita crea en el cumplido.

Taking in Compliments

Compliments are nice words. They help you feel good about yourself. When someone gives you a compliment, you can take it inside your heart and say, "Thank you!"

1 The boy tells his older brother that he looks cool. His big brother throws the compliment away.

2 The little brother tries again because he wants his big brother to take good words into his heart, not throw them away.

3 The girl likes what her little sister built. The little sister throws the compliment away.

4 The big sister tells her again. She wants her little sister to believe the compliment.

Es una Elección y No es una Elección

Tu cuerpo te pertenece a ti, pero algunas cosas no son una elección.

1

¡No quiero ir a cama!

Lo siento, tienes que ir a dormir. Ya es tarde.

No es una elección

2

¡Abrazos no!

Está bien, tú puedes elegir. Te veo luego.

Elección

3

¡No se permite pegar!

No es una elección

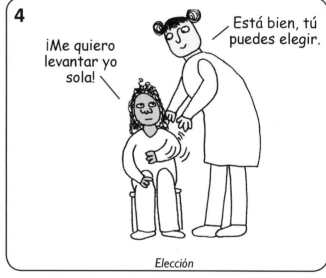

4

¡Me quiero levantar yo sola!

Está bien, tú puedes elegir.

Elección

5

Disculpa, pero tienes que abrir la boca para que pueda ver tus dientes.

No es una elección

6

Por favor deja de darme palmaditas en la cabeza.

Está bien, tú eliges.

Elección

Choice and Not a Choice

Your body belongs to you, but some things are not a choice.

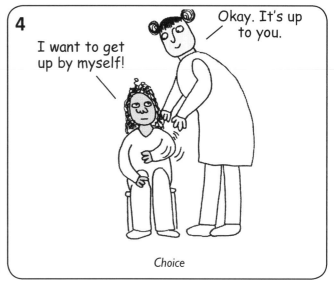

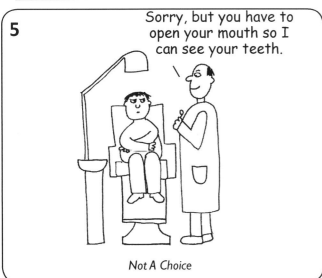

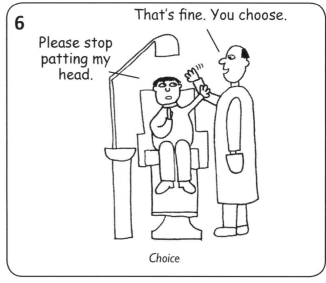

Las Reglas Sobre el Contacto para Jugar y Mostrar Afecto

Debe ser la elección de ambas personas, sano, y permitido por los adultos.

1

Elección de Ambas Personas

2

¡Cuchi, cuchi, Cosquillitas!

¡Basta! ¡NO me gusta ese juego!

No es la Elección de Ambas Personas

3

Seguro

4

¡Ten cuidado! Eso NO es seguro!

No es seguro

5

Gracias por limpiarle la cara.

Permitido por los Adultos Encargados

6

¡Comida en el pelo NO! ¡Eso NO está permitido!

No Permitido por los Adultos Encargados

Safety Rules on Touch and Play for Fun and for Affection

Should be the choice of each person, safe, and okay with the grown-ups in charge.

1

Choice of Both People

2

Not the Choice of Both People

3

Safe

4

Not Safe

5

Okay with the Grown-Ups in Charge

6

Not Okay with the Grown-Ups in Charge

Kidpower Teenpower Fullpower International. **www.kidpower.org.** safety@kidpower.org

La Seguridad con el Contacto Significa que Siempre Puedes Decir

1 El contacto por motivos de salud o de seguridad no se puede elegir.

2 Problemas con el contacto no deben ser un secreto.

3 Si algo te molesta, puedes decirle a tus adultos.

4 Si a ti te gusta besar a tu abuelo, está bien.

5 Siempre está bien si cambias de opinión.

6 Siempre puedes decir lo que pasó.

Safety with Touch Means You Can Always Tell

1 Touch for health and safety is not a choice.

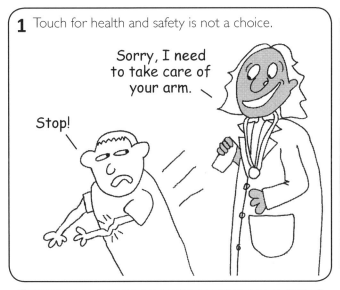

2 Problems with touch or anything else should not be secrets.

3 If something bothers you, you can tell all your grown-ups.

4 If you like kissing your grandpa, that's nice.

5 It is always okay to change your mind.

6 You can always tell what happened.

Cómo Detener el Contacto Físico No Deseado

Tu cuerpo te pertenece. Tú puedes decirle a los demás que paren si no te gusta la manera en que te tocan o juegan, por ej. besos, abrazos, cosquillas, o juegos bruscos.

1 Si te gusta cuando tu amigo te hace cosquillas, está bien.

2 Puedes cambiar de opinión. Usa tus ojos, palabras, y cuerpo para pedirle a tu amigo que pare.

3 Si tu amigo no te escucha, puedes ponerte de pie, retirarte, hacer una cerca con tus manos, y decir "BASTA."

4 Si tu amigo está triste o enojado, puedes decir que lo sientes, pero de todos modos tiene que parar.

5 Los regalos y favores no deben romper las reglas de seguridad y no deben ser un secreto.

6 Incluso si prometes no decirlo, la regla de seguridad es contárselo a alguien.

How to Stop Unwanted Touch

Your body belongs to you. You can tell people to stop if you do not like touch or games like kisses, hugs, roughhousing, tickling, or jokes.

1 If you like it when your friend tickles you, it is fine.

2 You can change your mind. Use your eyes, words, and body to tell your friend when you want him to stop.

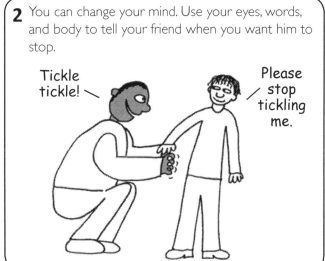

3 If he does not listen, you can stand up, move away, make a fence with your hands, and say stop.

4 If your friend is sad or mad because you told him to stop, tell him that you are sorry but he still has to stop.

5 Gifts or favors should not break the safety rules about touch or games, and should not be a secret.

6 Even if you have to promise not to tell, the safety rule is to go tell.

Kidpower Teenpower Fullpower International. **www.kidpower.org.** safety@kidpower.org

Las Reglas de Seguridad Sobre Las Partes Privadas

1 Las partes privadas de tu cuerpo son las partes cubiertas por un traje de baño.

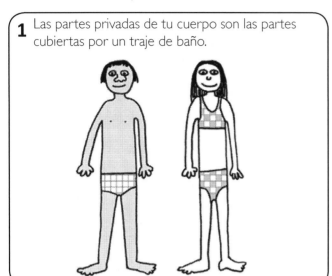

2 Para jugar, otras personas no deben tocar tus partes privadas y tampoco deben pedirte que toques sus partes privadas.

Nos vamos a quitar la ropa para jugar al doctor.

Eso va contra nuestras reglas de seguridad. Podemos jugar al doctor con nuestra ropa puesta.

3 A veces los adultos tienen que tocar las partes privadas de los niños para ayudarles.

Necesito ponerte medicina en la herida.

4 El contacto físico **nunca** debe ser secreto.

Mamá me puso medicina en mi trasero. ¡No me gustó!

Gracias por decirme. Lamento que no haya gustado.

5 La regla de seguridad es que la gente no debe enseñarte películas o fotos de personas sin ropa o tocando sus partes privadas.

Mira estas fotos de adultos.

Ellos no traen ropa puesta. Basta o voy a decírselo a alguien.

6 Incluso si la persona para, deberías decir cualquier cosa que te molesta a un adulto.

Gracias por decirme. Vamos a ayudar a que tu primo entienda las reglas de seguridad.

Mi primo trató de enseñarme fotos en la computadora de gente sin ropa. Yo le dije 'Basta, o voy a decir.'

Safety Rules About Touching Private Areas

1 Private areas are the parts of your body that can be covered by a bathing suit.

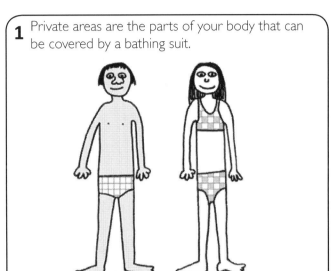

2 For play or teasing, other people should not touch your private areas. They should not ask you to touch their private areas either.

Let's take off our clothes so we can play doctor!

That is against our safety rules. We can play doctor with our clothes on.

3 Sometimes grown-ups have to touch kids' private areas to help them.

I need to put medicine on your sore.

4 Touch of any kind should **never** be a secret.

Mom put medicine on my bottom today! I did not like it.

Thank you for telling me. I am sorry you didn't like it.

5 The safety rule is that people are not supposed to show you movies or pictures of people touching their private areas or without their clothes on.

Look at these pictures of grown-ups.

They don't have clothes on. Stop or I'll tell.

6 Even if the person stops, you should tell about anything that bothers you.

Thank you for telling me. We will help your cousin understand about the safety rules.

My cousin tried to show me pictures on his computer of people touching their private areas. I said, "Stop or I will tell."

El Cuento de Decir a Alguien
Hasta que Obtengas Ayuda

1 Hoy los niños en la escuela me encerraron en el baño. Tenía miedo.

2 Le cuento a mi perro. Me escucha pero no me puede ayudar.

Me encerraron en el baño. Tenía miedo.

3 Le cuento a mi mamá. Ella está ocupada y no me entiende.

Me encerraron en el baño y tenía miedo.

Está bien. A veces los niños les gusta bromear.

4 Le cuento a mi abuelo. Él me escucha pero no por mucho tiempo.

Me encerraron en el baño y tenía mucho miedo.

Yo tuve un mal día también. ¡Mi jefe se enojó conmigo!

5 Mi regla de seguridad es contar a un adulto cuando tengo un problema y continuar contándolo hasta que alguien me ayude.

Voy a decirlo hasta que alguien me ayude....¿Con quien más puedo hablar?

6 Mi maestra sí me escucha. Ella me entiende y me va a ayudar.

Los niños me encerraron en el baño ayer. Tenía mucho miedo.

$1+1 = 2$
$2+2 = 4$
$4+4 = 8$

¡Ay! Gracias por decirme. Voy a encargarme de que te sientas seguro en la escuela.

Kidpower Teenpower Fullpower International. **www.kidpower.org.** safety@kidpower.org

The Keep Telling Until You Get Help Story

1 Today kids at school locked me in the bathroom. I was scared.

2 I tell my dog. He listens but he cannot help me.

Kids locked me in the bathroom. I was scared.

3 I tell my mom. She is too busy to understand.

Kids locked me in the bathroom. I was scared.

It's okay. Kids tease sometimes.

4 I tell my grandpa. He listens but not for very long.

Kids locked me in the bathroom. I was scared.

That's not nice. I had a hard day too. My boss got mad at me!

5 My safety rule is to tell a grown-up I trust when I have problems and to keep telling until someone helps.

I will keep telling until someone helps me... who else can I talk to next?

6 My teacher listens. She understands and helps me.

Kids locked me in the bathroom at school yesterday. I was scared.

$$1+1 = 2$$
$$2+2 = 4$$
$$4+4 = 8$$

Oh my! Thank you for telling me. We will make sure you feel safe at school.

Seguridad Personal para Detener la Intimidación

1 Si alguien te trata de intimidar atemorizándote, puedes usar tu Poder de Alejarte y obtener ayuda. Si tú te comportas mal también, el problema empeorará, en vez de solucionarse.

Oye, ¡Te voy a agarrar!

¡No gracias!

2 Si alguien te trata de intimidar diciendo cosas ofensivas, puedes tirar esas palabras a La Basura.

¡Qué asco! Tu comida se ve rara.

¡Mi mamá la hizo y me gusta!

YUCK

3 Si alguien trata de intimidarte tomando tu turno, puedes decir, "¡NO!"

Tienes que dejarme ir primero.

¡NO! Suéltame el brazo. Es mi turno.

4 Si alguien te trata de intimidar haciéndote tropezar o empujándote, puedes estar alerta y Salir Fuera de Alcance.

People Safety Skills to Stop Bullying

1 If somone tries to bully you by being scary, you can use your Walk Away Power and get help. Being mean back will make the problem bigger, not better.

Hey kid, I'm going to get you!

No thanks!

2 If someone tries to bully you by saying rude things, you can throw the hurting words in your Trash Can.

Yuck! Your food looks **weird!**

My mom made my food and I like it!

YUCK

3 If someone tries to bully you by taking your turn, you can say, "NO!"

You HAVE to let me go first!

NO! Let go of my arm! It is my turn.

4 If someone tries to bully you by tripping or pushing, you can use your awareness to notice what this person is trying to do and then Move Out of Reach.

Más Maneras de Detener la Intimidación

5 Si alguien te intimida no dejándote jugar con otras personas, no tienes que hacerle caso.

6 Si alguien te intimida no permitiéndote participar en un juego, puedes seguir pidiendo. Si otra persona tiene este problema, puedes defenderlo o pedir ayuda a un adulto.

7 Si alguien te intimida excluyéndote, puedes proteger tus sentimientos y hacer nuevos amigos.

8 Tienes el derecho de sentirte a salvo con tus sentimientos y con tu cuerpo. Si necesitas ayuda para detener problemas de bullying, puedes pedir ayuda a los adultos responsables.

More Ways to Stop Bullying

5 If a friend tries to bully you by not letting you play with other people, you do not have to do what she or he says.

6 If someone tries to bully you by not letting you join the game, you can keep asking. If you see this happen to someone else, you can speak up or get help.

7 If some kids try to bully you by leaving you out, you can protect your feelings and find someone else to be your friend!

8 You have the right to be safe with your feelings and your body. If you need help to stop bullying problems, you can ask the grown-ups in charge.

Seguridad con los Autos

1 No es Seguro

Correr por la calle no es seguro porque te puede atropellar un auto.

2 Seguro

Tu regla de seguridad es **parar, mirar y esperar** a tu adulto.

1 No es Seguro

Aunque estás con un adulto, no es seguro caminar delante de un auto en movimiento. Espera hasta que se detenga completamente.

2 Seguro

Tu regla de seguridad es **mirar** y **esperar** hasta que la calle esté libre o hasta que todos los autos hayan parado.

1 No es Seguro

¡¡CUIDADO!!

Cuando un carro va en reversa, el conductor no puede ver a un niño que va en bicicleta. No es seguro estar detrás de un auto que va en reversa.

2 Seguro

Espera hasta que el auto termine de salir antes de cruzar la entrada del estacionamiento.

1 No es Seguro

No es seguro alejarte de tu adulto al salir del auto.

2 Seguro

Tu regla de seguridad es quedarte con tu adulto cuando estás fuera del auto.

Kidpower Teenpower Fullpower International. **www.kidpower.org.** safety@kidpower.org

Safety with Cars

1 Not Safe

Running into the street is not safe because you might get hit by a car.

2 Safe

Your safety rule is to **stop, look, and wait** for your grown-up.

1 Not Safe

Even if you are with a grown-up, it is not safe to walk in front of a car until it has stopped all the way.

2 Safe

Your safety rule is to **look** and **wait** until the street is clear or until the cars are all stopped.

1 Not Safe

When a car backs up in a driveway, the driver cannot see a kid on a bike. It is not safe to go or ride your bike behind a backing up car.

BE CAREFUL!!

2 Safe

Wait until the car is done backing up before you cross the driveway.

1 Not Safe

It is not safe to walk away from your adult when you get out of your car.

2 Safe

Your safety rule is to stay next to your adult when you are outside your car.

El Cuento De La Hermana Mayor

Dedicado a los hermanos y las hermanas que usan su poder
para proteger a sus hermanitos.

1 Mi hermanito quiere salir de la casa pero mantengo la puerta cerrada.

¡No es seguro!

2 Mi hermanito quiere salir por la ventana. Lo agarro y pido ayuda a gritos.

¡NO! ¡Necesito Ayuda!

Fuera

3 Mi hermanito trata de escapar de su asiento de bébe cuando estamos en el carro. Pido ayuda a mis padres.

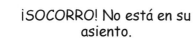

¡SOCORRO! No está en su asiento.

4 Mi hermanito trata de trepar por la pared para jugar en el agua con los patos. Lo agarro y pido ayuda a gritos. Mi hermanito está molesto pero nuestros padres están felices porque ayudé a mantenerlo a salvo.

¡BASTA! ¡SOCORRO!

The Big Sister Story

Dedicated to the big sisters and big brothers everywhere who use their power to help keep their younger brothers and sisters safe!

1 My little brother wants to go out the door. I hold the door closed.

2 My little brother tries to climb out the window. I grab him and yell for help.

3 My little brother tries to get out of his car seat while we are driving. I yell for help.

4 My little brother tries to climb over the wall and into the water with the ducks. I grab him and yell for help. My little brother is annoyed. My parents thank me for stopping him from falling into the pond, while still staying safe myself.

¿Qué es Kidpower?

Kidpower Teenpower Fullpower Internacional® (Kidpower®) es una organización sin fines de lucro fundada en 1989 en Santa Cruz, California. Nuestra visión es trabajar juntos para crear culturas de cariño, respeto y seguridad para todos. Nuestro principal objetivo es ayudar a las personas de todas edades y capacidades a mantenerse a salvo, actuar prudencia y creer en sí misma. Los expertos recomiendan el método de Kidpower por ser positivo, práctico, y apropiado para los niños, adolescentes y adultos de diferentes culturas. Kidpower ha protegido a más de 2 millones de personas de todas las edades y habilidades de bullying, abuso sexual, secuestro y otros actos de violencia a través de nuestros talleres y recursos educativos.

Kidpower enseña seguridad personal y autoprotección a personas de diferentes edades y habilidades. Estas habilidades preparan a las personas para prevenir y detener la mayoría de los casos de bullying, abuso, asaltos, y secuestros - y a defenderse a sí mismas y a los demás.

Nuestros servicios son:

- adaptados de acuerdo con las situaciones, problemas y edades de los estudiantes.

- diseñados para ser positivos, eficaces, seguros e interactivos.

- adaptados de acuerdo con las necesidades de su comunidad, amigos, escuela, organización, o empresa.

- adaptados para las personas que enfrentan desafíos especiales, físicos, emocionales, o de desarrollo.

Nuestra pagina Web tiene disponible:

- un boletín mensual de noticias.

- artículos, recomendaciones y preguntas.

- recursos recomendados.

- una tienda con publicaciones y otros recursos a la venta.

¿Dónde se ofrecen los servicios de Kidpower?

Kidpower tiene oficinas y representantes en los Estados Unidos, Canadá, Europa, Asia, África, México, Argentina, Brasil y Oceanía. Nuestros instructores viajan a los lugares dónde no hay oficinas.

Adaptamos los servicios de acuerdo con las necesidades de diferentes culturas. Con los Servicios de Educación de Nueva Zelanda y la Policía de Nueva Zelanda, hemos desarrollado "Niños con Confianza," una programa piloto que llega con las técnicas de Kidpower a los estudiantes a escala nacional.

En Agosto de 2005, realizamos una conferencia internacional en Montreal para capacitar profesionales de organizaciones sin fines de lucro que trabajan con niños que viven en condiciones de vulnerabilidad. Desde entonces, con nuestro proyecto "Extendiéndonos" profesionales de organizaciones sin fines de lucro de países en desarrollo están aprendiendo cómo adaptar el sistema de Kidpower para enseñar las Habilidades de Kidpower para la Seguridad para ayudar a prevenir la violencia y el abuso, a los jóvenes que viven o trabajan en las calles, o aquéllos que son explotados debido a las condiciones de vulnerabilidad económica, o aquéllos cuyas comunidades han sido devastadas por guerras, epidemias o catástrofes naturales.

¡Únase a nosotros para crear culturas de cariño, respeto, y seguridad para todos!
Aprenda estas habilidades y enséñelas a los demás. Haga una donación deducible de impuestos, en nuestra pagina web. *¡Gracias!*

What is Kidpower?

Kidpower Teenpower Fullpower International® (shortened to Kidpower®) is a charitable nonprofit organization founded in Santa Cruz, California in 1989. Our vision is to work together to create cultures of caring, respect, and safety for all. Our mission is to empower people of different ages and abilities by helping them learn how to stay safe, act wisely, and believe in themselves. Experts highly recommend the Kidpower approach for being positive, practical, and relevant for children, teenagers, and adults from many different cultures. Worldwide, Kidpower has protected over 2 million people of all ages and abilities from bullying, sexual abuse, kidnapping, and other violence through our workshops and educational resources.

Kidpower teaches people of different ages and abilities to be successful in learning and practicing personal safety, self-protection, confidence, and advocacy skills. These "People Safety" skills prepare individuals from all walks of life to prevent and stop most bullying, abuse, assault, and abduction — and to advocate effectively for the well-being of themselves and others.

Our services are:

- developed to work well for the different life situations and ages of our students.

- designed to be upbeat, effective, safe, emotionally supportive, and hands-on.

- tailored to fit the specific needs of your family, circle of friends, school, organization, service club, or business.

- adapted for people who face special physical, emotional, or developmental challenges.

Our website will give you access to our:

- free monthly safety-tips newsletter.

- library of articles, safety tips and questions.

- most highly recommended resources outside Kidpower.

- Safety Store with publications and other resources.

Where are Kidpower Services Available?

Kidpower has centers and representatives in the United States, Canada, Europe, Asia, Africa, Mexico, Argentina, Brazil, and Oceana.

We adapt our services to meet the needs of different cultures. With the Youth Education Services of the National New Zealand Police, we have developed "Confident Kids," a pilot program that is bringing personal safety practices from our Kidpower program to New Zealand elementary schools nationwide.

In August, 2005, we conducted an international conference in Montreal to train professionals from charitable organizations serving young people who face dangerous life situations. Since then, through our Reaching Out project, professionals from nonprofit organziations from developing countries are learning how to adapt the Kidpower system of teaching People Safety skills to help prevent violence and abuse for young people who are living or working on the street, who are being exploited because of economic vulnerability, or whose communities have been disrupted by war, disease, or natural disaster.

Please Join Us in Building Cultures of Caring, Respect, and Safety for All!

Learn these skills for yourself and teach them to others. Make a tax-deductible contribution through our website. Tell others about Kidpower. ***Thank you!***

Recursos Educativos de Kidpower

Los cómics de seguridad de Kidpower para adultos con niños mayores es ilustrado para ayudar a los adultos a presentar habilidades de seguridad a los niños de nueve a trece años quienes están empezando a ser más independientes en el mundo. Las caricaturas humorísticas ilustran las historias sociales para discutir con los niños. Las indicaciones para adultos introduce la forma de practicar las habilidades que se pueden preparar a los niños para proteger su salud emocional y bienestar físico. Disponible en ingles, español y en una versión bilingüe en ingles y español.

La guía didáctica de Kidpower es una colección de cinco manuales ilustrados que contienen cuentos sociales y actividades para presentar habilidades de seguridad personal en la aula u otros escenarios grupales. Pensados para niños de tres a ocho años, pero relevante para cualquier niño que normalmente tiene que estar acompañado por un adulto. Temas incluyen: Seguridad con los Sentimientos y las Palabras, El Ser Poderoso Para Mantenerse a Salvo (incluyendo la Seguridad con los Autos), Seguridad con el Contacto, El Obtener Ayuda para Mantenerse a Salvo, y El Preguntar Primero para Mantenerse a Salvo (incluyendo Seguridad con los Desconocidos). Disponible en ingles y en una versión bilingüe en ingles y español. Una versión en español estará disponible muy pronto.

La guía introductoria de Kidpower para padres y maeestros es una introducción al programa Kidpower. Incluye muchas de las historias y las habilidades que enseñamos en nuestros talleres. Este libro también describe el enfoque positivo de Kidpower para proteger a los niños de situaciones difíciles y peligrosas con personas desconocidas y conocidas. Disponible en inglés y español en versión impresa y libro electrónico en nuestra página web. *La guía de Kidpower* es una versión más breve de **El libro de Kidpower para adultos cariñosos: seguridad personal, autoprotección, confianza y apoyo para niños y jóvenes** presenta una explicación profunda del método de Kidpower para ayudar a los niños a protegerse emocionalmente y físicamente. Con cuentos inspiradores, explicaciones claras, y direcciones paso a paso, el lector aprenderé cómo evaluar problemas de seguridad y hacer planes realistas con los niños en sus vidas; enseñar habilidades de seguridad personal para prevenir la intimidación, abuso, asalto, y secuestro; poner y respetar límites personales para forjar relaciones personales mejores; y traer habilidades de seguridad personal a los niños y adolescentes con desafíos de vida.

Bullying: Lo que los adultos deben saber y hacer para proteger a los niños ofrece un plan de estudio utilizado por muchas familias, escuelas y organizaciones juveniles para sus propias actividades contra el bullying. Disponible en inglés en formato impreso y libro electrónico en nuestra página web.

Los cómics de seguridad de Fullpower es una introducción ilustrada a las habilidades de seguridad personal para adolescentes y adultos que usa lenguaje simple. Los dibujos proveen una explicación de las habilidades básicas que pueden protegerse emocional- mente y físicamente. Inicialmente, el libro fue escrito para la gente con discapacidades de desarrollo. Sin embardo, los conceptos y habilidades son relevantes para jóvenes y adultos a pesar de sus habilidades. Disponible en ingles y en una versión bilingüe en ingles y español. Una versión en español estará disponible muy pronto.

Kidpower Educational Publications

Kidpower Safety Comics for Older Children is a cartoon-illustrated tool to help adults introduce People Safety skills to children ages nine to thirteen-years-old who are beginning to be more independent in the world. The humorous cartoons illustrate social stories to discuss with children. Directions for adults introduce how to practice skills that can prepare children to protect their emotional and physical well-being. Available in English, Spanish and in a bilingual English and Spanish version.

The Kidpower Teaching Kit is a set of five cartoon-illustrated handbooks with social stories and lesson plans for introducing personal skills in classrooms and other group settings. The focus is on children ages three to eight, but is relevant for all children up to age ten, who are not out on their own. Books include: Safety with Feelings and Words, Being Powerful to be Safe (including Safety with Cars), Safety with Touch and Teasing, Getting Help to be Safe, and Checking First. to be Safe (includes Safety with Strangers). Available both in English and a bilingual English and Spanish version. A Spanish version is coming soon.

The Kidpower Introductory Guide for Parents and Teachers gives an introduction to the Kidpower program, including many of the stories and skills that we teach in our workshops. This book also describes Kidpower's positive approach for protecting children from difficult and dangerous situations with strangers and with people they know. It is available in both English and Spanish in print and as an e-book from our website. The Kidpower Guide is a shorter version of ***The Kidpower Book for Caring Adults: Personal Safety, Self-Protection, Confidence, and Advocacy for Young People.*** This book provides an in-depth explanation of the Kidpower method for preparing young people to protect their emotional and physical safety and to speak up effectively for themselves and others. Through inspiring stories, clear explanations, and step-by-step directions, the reader learns how to assess personal safety concerns for the young people in their lives and make realistic plans; teach personal safety skills to prevent most bullying, sexual abuse, assault, and abduction; use boundary-setting and advocacy skills to build better relationships; and bring personal safety skills and ideas to children, youth, and teens with difficult life challenges. It is available in English.

Bullying: What Adults Need to Know and Do to Keep Kids Safe provides curriculum being used by many families, schools, and youth organizations for their own anti-bullying activities. Available in English in print and as an e-book from our website.

The Fullpower Safety Comics is an introduction to "People Safety" Skills for teens and adults in cartoons and basic language. The drawings provide simple explanations to help people protect themselves, physically and emotionally. Initially, this book was written for people with developmental disabilities. However, the skills and concepts are relevant for teens and adults of all ages and abilities. Available in English A Spanish and a bilingual English and Spanish version are coming soon!

Made in the USA
San Bernardino, CA
13 February 2017